NOTICE

SUR

P.-M. MARTINET

CURÉ DU SACRÉ-CŒUR

(ANCIENNE PAROISSE SAINT-NICOLAS)

PAR M. J. AUGER

MOULINS

IMPRIMERIE DE C. DESROSIERS

MDCCCLXVII

NOTICE

SUR

P.-M. MARTINET

CURÉ DU SACRÉ-CŒUR

(ANCIENNE PAROISSE SAINT-NICOLAS)

PAR M. J. AUGER

J'ai chéri, Seigneur, la beauté
de votre maison.

Se vend au profit de l'Eglise du Sacré-Cœur
de Moulins (Allier).

MOULINS
IMPRIMERIE DE C. DESROSIERS

MDCCCLXVII

NOTICE

SUR

M. P.-M. MARTINET

Curé du Sacré-Cœur (1).

A Messieurs les Membres de la Société d'Emulation de l'Allier.

MESSIEURS,

Le lundi, 4 mars 1867, la place d'Allier offrait un aspect imposant et animé. Ce n'était pas cependant un jour où la foule y vient ordinairement attirée par ses affaires ; ce n'était pas non plus une fête comme on en voyait souvent dans la nouvelle église du Sacré-Cœur.

(1) En vertu d'une ordonnance épiscopale du 15 août 1866, la paroisse St-Nicolas portera à l'avenir le nom de paroisse du Sacré-Cœur de Jésus.

En entendant le roulement lent et lugubre du tambour, en voyant l'attitude triste et recueillie de la milice civile et militaire, formant la haie, un étranger aurait pu croire qu'on rendait les honneurs funèbres à un haut dignitaire ou à un officier supérieur.

Onze heures sonnent. La foule est alors plus compacte. Le cortége s'étend jusqu'à l'entrée du presbytère. M. Martinet, le respectable curé de la paroisse, le fondateur de l'église du Sacré-Cœur, atteint, depuis plusieurs mois, d'une cruelle maladie, a rendu son âme à Dieu.

Les principales autorités de la ville et du département, Préfet, Maire, Conseillers municipaux, magistrats, fonctionnaires, employés, habitants de tous âges et de toutes conditions, se sont donné rendez-vous. Le clergé des paroisses de la ville et des communes voisines, accompagne à sa dernière demeure le vénérable défunt.

A la tête du deuil, on remarque le frère de M. Martinet et ses neveux, MM. Taillefert.

Ce qui rend imposante cette touchante cérémonie, ce n'est ni cette foule de fonctionnaires, de notables et de prêtres qu'on rencontre aussi dans le convoi des riches ou des puissants de ce monde, mais c'est une multitude considérable d'artisans et d'ouvriers, je ne dirai pas recueillis, mais se communiquant à haute voix leur admiration enthousiaste, racontant à l'envi les moindres particularités qui ont favorisé ou retardé la construction de l'édifice, répétant à satiété combien il a fallu de peines, de voyages, de démarches, de supplications, de quêtes, de sermons, de fêtes et de requiem pour élever un monument si remarquable.

Quelques femmes qui, la veille, sont allées prier à la chapelle ardente du presbytère, montrent un chapelet, un anneau, un livre, une image, un objet de piété qu'elles ont fait toucher à leur bon Curé. Dans leur naïve admiration, elles poussent l'expression de leurs sentiments jusqu'à l'invocation, tant l'œuvre qu'elles contemplent leur paraît surnaturelle.

Après les prières d'usage, les restes mortels de M. le Curé de Saint-Nicolas ont été déposés dans le caveau de la première chapelle, du côté de l'épître, près du portail de la place des Lices. Aucune oraison funèbre n'a été prononcée. Etait-il besoin de rappeler ce que chacun savait si bien ?

Si j'écris ces lignes, en l'honneur d'un homme doué d'un esprit d'initiative extraordinaire, je me conforme à l'excellent usage établi parmi nous, de faire la biographie des personnes qui ont rendu des services aux sciences, aux lettres ou aux arts.

M. Martinet n'était pas un collectionneur, un chercheur, un savant, ni même un archéologue, mais il a élevé un des plus beaux monuments d'archéologie de notre Province ; aussi doit-elle être fière de le compter au nombre de ses enfants.

Supposons un moment que, par suite d'un de ces cataclysmes qui ont enfoui les merveilles d'Herculanum et de Pompéï, la belle église gothique du Sacré-Cœur ait disparu à nos regards; que par un de ces hasards heureux pour la science, une pioche ait découvert une des flèches de l'édifice. Alors, tous les amis des arts s'empresseraient de se réunir. On se cotiserait immédiatement, pour continuer les fouilles. Aussitôt la ville, le département, le gouvernement s'inscriraient pour mener à bien une si précieuse découverte. A mesure que les formes se montreraient, les journaux en feraient la description dans de pompeux articles. On composerait des volumes de conjectures sur le nom du fondateur. Que n'a-t-on pas dit, redit et contesté, au sujet de Gergovia, Bibracte, Alise, etc. Eh bien ! Messieurs, quand nous nous passionnons si aisément pour une médaille, une statuette, des pierres, des monuments dont l'origine est souvent douteuse, pourrions-nous rester insensibles aux beautés de l'œuvre d'un compatriote.

N'avons-nous pas montré au contraire que ce vieux proverbe : « Nul n'est prophète dans son pays » n'avait plus de raison d'être parmi nous.

Un autre motif doit aussi nous intéresser au monument, c'est qu'un de nos collègues en est l'architecte. Si M. Martinet, grâce à un zèle qu'on ne saurait assez apprécier, a la gloire d'avoir réalisé la somme énorme de près d'un million pour édifier l'église du Sacré-Cœur, M. Lassus, le célèbre restaurateur de l'art ogival du XIIIe siècle, en a dressé le plan, de concert avec son ami, M. Esmonnot. Depuis dix ans environ, ce dernier a achevé seul l'œuvre si habilement commencée. Il a dirigé avec bonheur la construction des flèches qui en sont le plus bel ornement et produisent un effet aussi gracieux que pittoresque.

PHILIPPE-MICHEL MARTINET, décédé à Moulins le 1er mars 1867, est né à Souvigny le 19 novembre 1793, de Gabriel Martinet, receveur de la commune, et de Marie Perceau.

On a souvent dit avec raison que les hommes se ressentent assez ordinairement du milieu dans lequel ils ont vécu dès leur enfance. En voyant grandir M. Martinet près de l'église des Bénédictins de l'ancienne capitale du Bourbonnais, à côté de la belle basilique de St-Mayeul et de St-Odile, je me demande si ce n'est pas en parcourant les nefs majestueuses de son église paroissiale, que M. Martinet s'est fait une idée sublime de la splendeur de la Maison de Dieu ? N'est-il pas présumable que, réduit plus tard à offrir le Saint Sacrifice dans une espèce de grange, il n'ait parfois soupiré, en pensant au chef-d'œuvre religieux de sa ville natale ?

M. Martinet, suivant les documents officiels que son parent, notre collègue, M. Conny, bibliothécaire-archiviste, a eu l'obligeance de me procurer, a fait ses premières études, d'abord au lycée de Moulins comme externe, puis au Petit-Séminaire de Clermont-Montferrand. A dix-huit ans, il entra au Grand-Séminaire de la même ville où il fit un an de théologie, et termina ses études à Saint-Sulpice. Dans cet établissement, d'après le vénérable chanoine M. Mourlon, il obtint de ses maîtres et de ses condisciples une affection et une estime que les années n'ont pu altérer. Elevé à la prêtrise, en 1818, il revint à Moulins exercer les fonctions de Vicaire de la paroisse Saint-Pierre, jusqu'en 1820, époque de sa nomination à la cure de Saint-Nicolas.

Cette paroisse était sous plusieurs rapports la moins importante de la ville. Il y avait donc beaucoup de bien à faire. Le bon curé ne put satisfaire à tous les besoins. Cependant son zèle lui permit d'adoucir de nombreuses misères. Quand sa bourse était vide, ce qui arrivait assez fréquemment, il formulait une petite recommandation à l'adresse de quelque âme charitable. C'était une ingénieuse invitation à donner. On se plaignait de ces innocents artifices, mais on donnait quand même, en souriant, tant dans notre ville faire le bien est un besoin.

Grace à ses sollicitations réitérées et toujours pressantes, il parvint à doter sa paroisse, éloignée des quartiers riches et exposée à être délaissée, d'une école de garçons, d'un asile, et du couvent des Sœurs de la Présentation de Marie qui, d'abord installé dans une modeste maison, a grandi comme son église paroissiale et est aujourd'hui un des plus spacieux établissements de Moulins. La salle d'asile, véritable spécimen du genre, a été jugée digne de figurer à l'exposition universelle.

L'ancienne église de Saint-Nicolas était la chapelle d'un couvent de Dominicains, appelés Jacobins, qui devait sa fondation à un vœu fait par le Connétable de Bourbon, à la bataille de Marignan, dans un moment où il pensa perdre la vie. Ce monastère, fondé en 1521, sur l'emplacement de l'hôpital Saint-Nicolas, était fort pauvre, si l'on en juge par l'état de délabrement de l'église. Avant la construction des levées du pont Régemorte, il était exposé à de fréquentes inondations, ce qui probablement avait excité la dévotion des mariniers fort nombreux alors et dont les offrandes étaient le principal revenu des religieux. Un petit vaisseau, sans doute un *ex voto* était encore suspendu au milieu de la nef de l'église dans ces derniers temps.

Sur les vives instances de M. Martinet, la fabrique de la paroisse Saint-Nicolas adressa, le 30 août 1838, au conseil municipal, une pétition imprimée et distribuée en même temps dans la ville, pour lui signaler que les habitants sont effrayés des dangers qu'ils courent toutes les fois qu'ils entrent dans un édifice ruiné qui n'est pas susceptible de réparation. Elle demandait qu'une nouvelle église fût élevée à l'entrée de la place des Lices.

Par délibération du 3 décembre suivant, le conseil municipal ajourne à statuer sur le projet de reconstruction de l'église Saint-Nicolas, et renvoie la discussion jusqu'à la décision ministérielle à intervenir concernant la salle de spectacle.

Cependant l'abbé Martinet n'était pas homme à se laisser décourager, il avait la foi qui se raidit contre les obstacles et transporte des montagnes.

En peu de temps, il organise une commission de souscriptions. Par une circulaire adressée à toutes les personnes qui s'intéressent aux progrès des arts et de la religion, il fait habilement ressortir l'heureuse situation de la ville de Moulins, la régularité de ses rues, de ses promenades, et insiste sur la pénurie de ses édifices religieux.

Cette commission, sous la présidence d'honneur de Monseigneur l'évêque, était composée de MM. Croizier, vicaire général, président ; Allard aîné, trésorier ; Martinet, curé, secrétaire ; Beraud des Rondards, de Bonand, Bonneau, de Chiseuil, Cornu, curé de Saint-Pierre ; Décluny, Delageneste - Pestel, Dory, Henry, vicaire général ; de Labrousse de Veyrazet, de Laguérenne, Lorut, Meilheurat, Michel, ancien banquier ; Roux, chanoine ; Violle, curé de la cathédrale.

Des membres correspondants étaient établis dans le département : MM. Bayon père et fils, à Beaulon ; de Bellenaves, à Bellenaves ; de Courtais, à Doyet ; d'Aubigneu, à Saint-Pourçain ; de Durat, à Marcillat ; Gauthier, receveur à Gannat ; de Maréchal, à Deux Chaises ; de Sainsbut, à Verneuil. Enfin, il y eut des membres correspondants à Paris et dans plusieurs diocèses.

En 1840, par lettre adressée à M. le Préfet et communiquée au Maire de Moulins, le Président de la commission expose que les souscriptions s'élèvent à 50,000 francs, il appelle de tous ses vœux l'appui du conseil municipal, et désire que son concours se manifeste par une allocation de fonds. Par délibération du 1er février 1840, le conseil municipal s'empresse d'exprimer tout à la fois ses félicitations sur le résultat déjà obtenu par le zèle des souscripteurs, et ses vœux sincères pour que cette œuvre s'améliore encore par de nouvelles souscriptions. Mais, considérant que la situation financière de la ville n'a pas changé et qu'elle ne lui permet pas d'apporter à l'accomplissement de ce projet un concours plus efficace, maintient, quant à présent, la décision qu'il a prise le 3 décembre 1838, et décide, en conséquence, qu'il ne peut voter de fonds pour la construction de l'église Saint-Nicolas.

Le moment était assez mal choisi, car la ville s'était déjà imposé des sacrifices pour l'agrandissement de la caserne de cavalerie. Toutes ses ressources allaient être absorbées pour la construction du théâtre qui, mal assis, s'écroulait en partie et augmentait encore les dépenses extraordinaires du budget municipal.

M. Martinet revient presque chaque année à la charge. Ses sollicitations, bien que toujours accueillies avec courtoisie, n'en sont pas moins écartées par un ordre du jour accompagné de ces vifs et pathétiques regrets que les administrations, comme les particuliers, emploient pour se débarrasser honnêtement d'un solliciteur.

Malgré ces refus, M. Martinet, inébranlable dans ses résolutions, confiant dans l'avenir, et entraîné par la grandeur de son but, n'en commençait pas moins courageusement son œuvre. L'emplacement du nouvel édifice se déblayait, des maisons étaient achetées pour une valeur de 110,000 francs, au moyen de 80,000 francs de ressources provenant des souscriptions et 50,000 fr. de secours de l'Etat.

Le 8 avril 1844 avait lieu la pose solennelle de la première pierre de l'édifice qui, d'abord projeté en style grec, était ensuite converti en style roman. Bientôt ce dernier cédait lui-même la place au magnifique plan gothique de l'église actuelle.

Le lundi de Pâques de l'année 1844, est une des époques mémorables de la vie de l'abbé Martinet. Il me semble encore voir sa figure où respirait la foi dans l'avenir, pendant que sur le visage de presque tous les assistants se lisait le doute. Combien répétaient tout haut qu'ils voyaient bien poser la première pierre, mais que leurs arrières-petits-enfants seuls assisteraient, *peut-être*, au couronnement de l'édifice. La plupart cependant se sont encore rencontrés à la bénédiction du monument.

Puis on ose dire que notre temps est un siècle d'incrédulité ! Que ceux qui sans cesse tiennent un pareil langage, en présence de nos antiques basiliques du moyen-âge, veuillent donc citer une église qui ait été élevée alors en 22 ans.

Est-ce celle de Souvigny dont chaque partie est l'œuvre d'un siècle ? Est-ce la cathédrale, qui a coûté plus de 150 ans de travail et qui n'est pas encore achevée ?

Revenons à notre solennité. Tout contribuait à la rendre magnifique.

Un détachement du 3ᵉ dragons avec sa musique guerrière, la compagnie de Sapeurs-Pompiers qu'on ne devrait pas nommer tant on est sûr de la trouver partout où il y a une fête ou un service à rendre, formaient cortége aux autorités de la Ville et du Département qui se rendaient à la cathédrale. Sa Grandeur, Mgr de Pons officiait pontificalement, entouré de tout son Chapitre ; M. l'abbé Henry, vicaire général, commentait dans un brillant discours l'Eglise au point de vue de l'artiste, de l'homme d'Etat et du catholique, et faisait appel à la générosité des fidèles pour l'achèvement de l'église Saint-Nicolas. Une quête faite par M. le curé Martinet augmentait ses ressources de plus de mille francs.

En parlant de quête, je vous vois sourire, vous tous, Messieurs, qui connaissiez le bon curé. Vous vous rappelez avec quel air radieux quel bonheur ineffable, il regardait tomber les pièces blanches dans son immense bonnet carré. C'étaient, selon son expression, autant de pierres ajoutées à l'église.

La première pierre a été placée à l'angle Nord-Est de la façade. Elle est en grès de Coulandon et soigneusement taillée. Sa forme est un prisme quadrangulaire de 1 mètre de base sur 50 centimètres de hauteur. Elle est marquée sur chaque face d'une croix grecque. Dans le milieu se trouve incrustée une boîte circulaire de plomb où est inséré un procès-verbal contenant la plupart des détails qui précèdent. Une plaque de cuivre adhérente à la pierre recouvre la boîte de plomb, et porte gravée cette inscription latine:

†

Ecclesia S. S. Cordi Jesu dicata et S. Nicolao. Hunc primum angularem lapidem consecravit et posuit reverendissimus in Christo Pater ANTONIUS DE PONS, *primus Eppus Molinensis feria II post Paschale festum, die mensis aprilis* VIII, *anno incarnationis D. N J. C.* MDCCCXLIV.

Regnante LUDOVICO PHILIPPO PRIMO.

Præfecturam Elaveris regente D. MÉCHIN

Ad Curiam Comitiorum Molinense legato D **MEILHEURAT**

Civitatis Præside D. *NAU DE BEAUREGARD.*
Parochiæ S. *Nicolai Molinensis, rectore* D, PHIL. *MARTINET.*
Architecta D. *LUDOV. ESMONNOT.*

J. M. J.

✝

Après bien des sollicitations infructueuses, le 11 juin 1851, le Conseil municipal de Moulins accordait enfin une subvention de 10,000 francs, payable par moitié en 1852 et 1853. A cette époque, les recettes destinées à la construction, compris 100,000 francs de subsides de l'Etat, étaient de 370,000 francs, et les dépenses de 374,510 francs, soit un déficit de 4,310 francs. Les dépenses encore à faire pour l'achèvement total et le ravalement étaient estimées 527,000 f.

Dans toutes les villes s'élèvent de nombreux monuments, le temps de la tourmente est passé. Partout le Gouvernement de l'Empereur donne des encouragements. Moulins suit le mouvement général.

Par sa délibération du 17 mai 1852, le conseil municipal, présidé par M. Michel, maire, qui avait, dès le début, porté le plus grand intérêt à la construction de la nouvelle église, et sur le rapport d'une commission composée de MM. de Champfeu, Jamin et Auguste Desrosiers, le conseil vote une allocation de 100,000 francs. Vers la même époque, le conseil général et l'Etat accordaient chacun une pareille somme.

Les travaux, un moment suspendus ou pour mieux dire très-ralentis pendant la période de 1848 à 1851, reprenaient une nouvelle activité. Le 3 juin 1853, la Chapelle de la Sainte-Vierge était bénite par Mgr l'évêque entouré d'un nombreux clergé, en présence des autorités civiles et militaires, et d'une foule considérable.

L'archiconfrérie du Sacré-Cœur de Jésus, érigée en vertu d'un bref de Sa Sainteté le Pape Pie IX, en date du 26 septembre 1851, était solennellement instituée dans la nouvelle église (1).

---

(1) M. MARTINET publiait à cette époque un ouvrage intitulé :

Instructions sur l'archiconfrérie du Sacré-Cœur de Jesus pour la France, érigée dans l'église du Sacré-Cœur à Moulins, par P. M. MARTINET, curé du Sacré-Cœur et directeur de l'archiconfrérie. — Clermont-Ferrand, typographie de HUBLER, BAYLE et DUBOS 1853.

De nouveaux dons seront la conséquence de la célébration de l'office divin dans une partie de l'édifice.

Désormais, à travers ces piliers, bien qu'à ciel ouvert, une multitude de fêtes toutes productives vont être organisées par les soins de l'infatigable et ingénieux fondateur.

Il est juste de reconnaître que, malgré les importantes subventions de l'Etat, du Département et de la Ville qui, sur la proposition de M. Jourdier, maire, fournit encore 100,000 fr. par délibération du 30 décembre 1859, le monument dont le devis, en y comprenant l'achat des terrains et les dépenses occasionnées par le changement de style, s'élevait à près d'un million, n'aurait pu s'achever si M. Martinet n'eut imaginé mille moyens pour se créer des ressources. Quêtes, loteries, voyages, lettres, pétitions, supplications, rien ne coûtait à son zèle ardent, à son incessante activité et à son opiniâtre persévérance

Plusieurs prélats éminents, les évêques d'Autun, de Rhodez, d'Orléans, etc., les prédicateurs célèbres, Lacordaire, Lavigne, Lefebvre, Félix, etc., lui ont prêté le concours efficace de leur parole éloquente et de leur légitime influence.

Les sociétés lyriques, les artistes les plus renommés ont donné des concerts au profit de l'œuvre. Bals, soirées religieuses ou mondaines, rien n'a été négligé pour élever la nouvelle maison de Dieu.

Pendant ce temps, l'église se couvrait. En 1865, elle montrait au loin ses flèches surmontées de leur croix d'or. Il leur fallait une voix retentissante pour appeler les fidèles à la prière.

M. Spech, un des membres du Conseil de fabrique, avait fait don d'une cloche du poids d'un millier de kilogrammes, destinée à la nouvelle église.

Nous ne pouvons parler du conseil de Fabrique, sans rappeler que M. Dubosc de Cussy, son généreux trésorier, a puissamment contribué au succès de cette grande entreprise.

Le 23 avril 1865 jour du baptême de la cloche, fut un jour de bonheur pour le curé qui commençait à jouir un peu des fruits de ses travaux. Je ne décrirai pas cette cérémonie. Je transcris seulement l'inscription de la cloche qui raconte sommairement son histoire.

JE M'APPELLE MARIE.
QUE TOUTES LES NATIONS ADORENT ET AIMENT LE SACRÉ-CŒUR DE JÉSUS.

J'AI ÉTÉ BÉNIE PAR M. MARTINET, CURÉ, EN AVRIL 1865.

MON PARRAIN M. PIERRE-MARTIN DUPOYET, MAIRE DE LA VILLE DE MOULINS.

MA MARRAINE, MADAME MARIE PELTEREAU, ÉPOUSE DE M. LE MASSON, PRÉFET DE L'ALLIER.

M. PHILIPPE-MICHEL MARTINET, CURÉ DE LA PAROISSE DU SACRÉ-COEUR DE SAINT-NICOLAS.

M. GEORGES SPECH, DONATEUR.

CADEAU FAIT A LA PAROISSE SAINT-NICOLAS, EN L'HONNEUR DU SACRÉ-COEUR DE JÉSUS, L'AN 1858.

L'HÉRITIER, FONDEUR.

Je dois ajouter qu'à la suite d'un remarquable sermon du R. P. de Chazourne, Madame Dupoyet fit une quête très-fructueuse.

L'Eglise n'était pas achevée, mais elle était suffisamment close pour qu'on pût y célébrer le Saint Sacrifice. Le samedi 11 août 1866, elle fut bénite par Mgr de Dreux-Brézé au milieu d'un concours immense d'autorités et de fidèles, avec toute la pompe que comporte une semblable solennité.

Que de personnes étaient étonnées d'applaudir

au succès d'un œuvre qu'elles avaient considéré longtemps comme une chimère, une utopie. Sans doute ce jour fut un jour heureux, un jour de véritable triomphe pour le prêtre dont tout le monde : ses supérieurs, ses confrères, ses amis même avaient pu blâmer, non sans quelque apparence de raison, l'audacieuse témérité.

M. Martinet, bien que satisfait, ne croyait pas le moment venu d'entonner le cantique du vieillard Siméon. Il ne cessait, au contraire, de répéter : il nous reste beaucoup à faire.

Oui, il y a encore beaucoup de choses à terminer pour arriver à la consécration du monument.

Les vitres devront faire place à de pieuses et naïves légendes, les rosaces se pareront de vitraux aux couleurs éclatantes, des orgues feront résonner de leurs voix harmonieuses les vastes nefs, des stalles montreront aux artistes leurs merveilleuses sculptures, des lampes et des lustres reflèteront leurs feux étincelants sur les ciselures des candélabres et les riches broderies des ornements sacerdotaux. Enfin, une sacristie en rapport avec l'édifice renfermera les trésors d'orfévrerie qu'une dame connue par ses immenses bienfaits et sa charité inépuisable,

Mme Lefebvre de Dornes, a donnés à la nouvelle église.

Oui, il reste beaucoup à faire, mais chacun apportera son offrande et tiendra à honneur de figurer sur le livre d'or du Sacré-Cœur où sont déjà inscrits des milliers de noms, depuis les plus illustres jusqu'aux plus humbles.

Nous n'aurions pu dans ce récit désigner un grand nombre de bienfaiteurs sans nous exposer à blesser la susceptibilité d'un plus grand nombre encore.

Tant de dévouement devait attirer sur M. Martinet la bienveillante sollicitude du Chef de l'Etat qui lui avait accordé, sur sa propre cassette, en 1861, 20,000 francs, pour la construction du maître-autel. Le 10 juillet 1862, M. Martinet recevait de la main de l'Empereur, à son passage à Moulins, la croix de la Légion-d'Honneur, aux applaudissements unanimes de notre population.

M. Martinet est bien digne de prendre place parmi nos illustrations bourbonnaises. Son souvenir restera parmi nous comme un exemple frappant de ce que peut la volonté humaine inspirée par la foi. M. Martinet fut loin, comme on l'a cru, de trouver le sentier facile et l'appui de tous. S'il rencontra des amis dévoués qui répondirent à son appel et le soutinrent constamment, il ne faut pas oublier qu'il resta de 1838 à 1851, presque avec l'unique secours des offrandes particulières.

Le 24 mai 1854, époque où par acte reçu Mᵉ Croizier, notaire, la ville accepta le don de la nouvelle église, plus de 400,000 francs étaient déjà dépensés.

Tout le caractère et la vie de M. Martinet se résument dans cette expression énergique des Ecritures. *Il était dévoré du zèle de la maison de Dieu.* Ce zèle, fils de la foi, lui a fait surmonter des obstacles sans nombre et lui a permis d'accomplir ce véritable prodige dont nous avons essayé d'esquisser rapidement l'histoire.

Notre cité s'est particulièrement honorée en rendant à M. Martinet un public et éclatant hommage de reconnaissance. Pouvait-elle oublier qu'elle lui doit un monument grandiose, un superbe joyau, qui figurera avec honneur parmi les merveilles de notre époque et excitera l'admiration des siècles futurs !

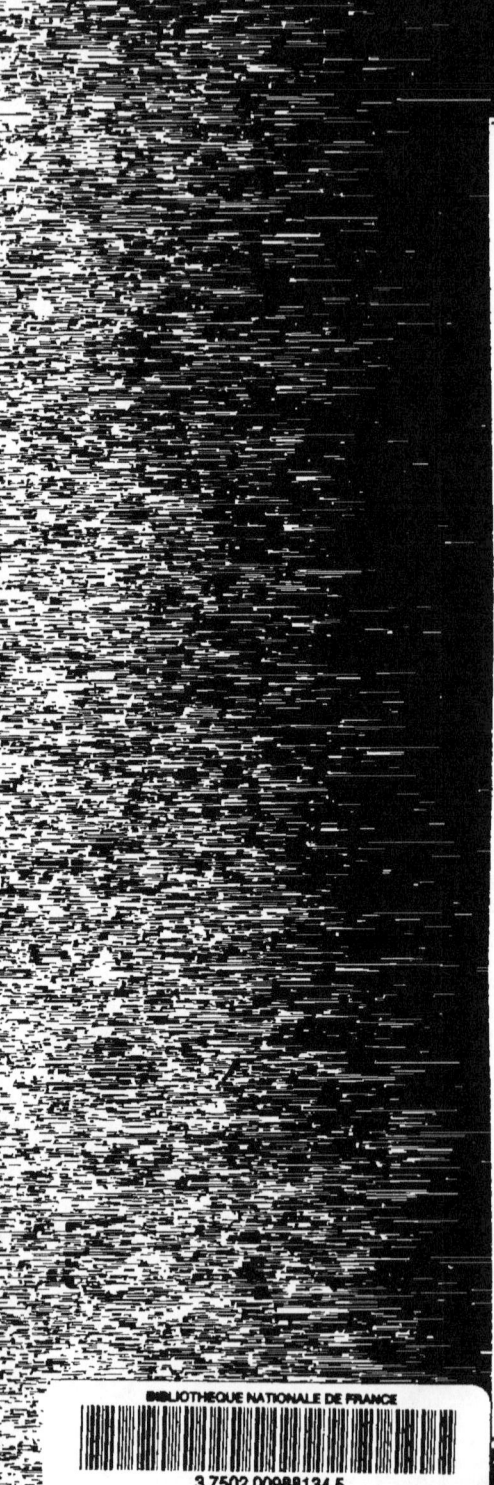

www.ingramcontent.com/pod-product-compliance
Lightning Source LLC
Chambersburg PA
CBHW060902050426
42453CB00010B/1529